7 JOURS POUR LA DOMINATION SPIRITUELLE

Active ton autorité, renverse les oppositions et établis ton Héritage.

Dr. Jean Héder Petit-Frère

© 2025 Dr. Jean Héder Petit Frère
Tous droits réservés.

Aucune partie de ce livre ne peut être reproduite, stockée dans un système d'extraction, ou transmise sous quelque forme ou par quelque moyen que ce soit — électronique, mécanique, photocopie, enregistrement ou autre — sans l'autorisation écrite préalable de l'auteur.

Les citations brèves pouvant paraître dans des articles critiques ou des revues sont autorisées.

Toutes les Écritures bibliques utilisées dans ce livre sont tirées respectivement des versions française Louis Segond et anglaise NIV (New International Version) citées conformément aux droits d'usage équitable.

Les droits d'auteur des différentes versions bibliques restent la propriété de leurs détenteurs respectifs.

Imprimé aux États-Unis d'Amérique.

Pour plus d'informations, invitations, formations ou ressources :
www.jhpetitfrere.com

Ce livre est publié par :
Kingdom Records Unlimited

Première édition : 2025
ISBN : 978-1-7353215-2-3

TABLE DES MATIÈRES

DÉDICACE	7
REMERCIEMENTS	9
INTRODUCTION	11
NOTE AU LECTEUR / À L'INTERCESSEUR	15
COMMENT UTILISER CE LIVRE	19
PRIÈRE D'OUVERTURE POUR LES 7 JOURS	27
JOUR 1	31
JOUR 2	39
JOUR 3	49
JOUR 4	59
JOUR 5	69
JOUR 6	79
JOUR 7	89
CONCLUSION	99
MOT DE LA FIN	103
BÉNÉDICTION APOSTOLIQUE	105

DÉDICACE

Je dédie ce livre :

À **Jésus-Christ**, le Roi des rois, le Législateur éternel. Celui qui m'a appris que la vie spirituelle ne se subit pas — elle se gouverne.

À ceux et celles qui refusent de vivre en vaincus, mais qui se lèvent avec courage, et qui sentent en eux un appel plus grand que la survie, l'appel à régner.

À mes enfants, ma famille, ma lignée spirituelle, ces héritiers du Royaume qui portent en eux une destinée prophétique.

Que ce livre soit un héritage, une arme, un manuel, et surtout un *manteau* transmis d'une génération à l'autre.

REMERCIEMENTS

Je remercie le Seigneur qui m'a donné la grâce, la révélation, la constance et la force d'écrire cet ouvrage.

Je remercie ceux et celles qui ont marché avec moi au fil des années, qui ont servi, prié, semé, soutenu, protégé, encouragé et bâti la vision. Vous êtes les pierres vivantes que Dieu utilise pour ériger des autels de victoire.

Merci à tous les intercesseurs, assistants, leaders, serviteurs, fils et filles spirituels qui ont tenu mes bras levés dans les moments critiques du ministère.

Que le Dieu des armées vous bénisse au-delà de toute mesure.

Je suis reconnaissant envers tous ceux qui liront ce livre avec un cœur ouvert. Votre soif attirera la gloire, votre discipline attirera la victoire, votre obéissance attirera le Royaume.

INTRODUCTION

Il existe des moments dans la vie où nous réalisons que ce que nous vivons ne peut plus continuer. Des saisons où nous comprenons que certaines batailles ne sont pas naturelles, que certaines oppositions ne sont pas que "*des circonstances*", mais de véritables **stratégies spirituelles** destinées à nous freiner, nous épuiser, nous éteindre ou nous détourner de notre appel.

Je suis parvenu à cette conclusion il y a de nombreuses années : **la vie spirituelle ne récompense pas les passifs, elle récompense les violents du Royaume.**

J'ai vu des hommes et des femmes extraordinaires échouer non par manque de talent, mais par manque de connaissance spirituelle. J'ai vu des destinées brillantes être retardées par des cycles invisibles. J'ai vu des familles entières être prises dans des réseaux d'autels, d'alliances, de paroles de malédictions, de vœux non accomplis et d'histoires non réglées. Parallèlement, j'ai aussi vu la puissance de Dieu renverser des montagnes, démolir des forteresses, et libérer des générations entières lorsque quelqu'un se lève **avec la révélation juste**.

Ce livre est né d'un fardeau, mais aussi d'une conviction profonde que **Dieu ne veut pas seulement que tu sois libéré; mais, que tu domines.**

« La délivrance te sort de l'oppression. La domination te place sur le trône ».

Pendant sept jours, tu vas :

- apprendre à légiférer,
- démanteler des systèmes invisibles,
- renverser des cycles anciens,
- fermer les portes aux attaques,
- stabiliser tes acquis,
- construire ton autorité,
- et établir ton héritage spirituel.

Ce livre n'est pas théorique. Il est stratégique, prophétique et opérationnel.

Je t'invite à marcher jour après jour, sans sauter une étape, en laissant l'Esprit de Dieu te repositionner dans ta vraie place : **celle d'un roi qui règne et d'un sacrificateur qui sert.**

Tu n'es pas destiné à être écrasé.
Tu es destiné à régner.

NOTE AU LECTEUR / À L'INTERCESSEUR

Cher lecteur, chère lectrice,

Ce livre n'est pas un simple manuel. Il est une **technologie spirituelle**.

Chaque jour est une **porte**, chaque prière est une **clé**, chaque décret est un **acte légal**, chaque proclamation est une **arme**, chaque activation est une **ascension en autorité**.

Je t'invite à:

- lire lentement,
- prier intensément,
- proclamer avec foi,
- méditer avec profondeur,
- et revenir sur les jours aussi souvent que nécessaire.

Ne lis pas ce livre de manière intellectuelle, lis-le **dans l'Esprit**.

L'atmosphère joue un rôle primordial. Je te recommande de prier dans :

- un endroit calme,
- un environnement consacré,
- avec ta Bible,
- ton carnet,
- ton huile d'onction si tu l'utilises,
- et ton esprit éveillé.

Avant chaque session, demande simplement : **"Saint-Esprit, gouverne cette prière."**

Ce livre peut se faire seul, mais il devient encore plus puissant en famille, en équipe ou avec un groupe de combat spirituel.

Prépare-toi ! Tu vas briser, renverser, bâtir, établir et régner.

COMMENT UTILISER CE LIVRE

Un guide pratique pour une percée réelle, structurée et durable

Ce manuel n'est pas un simple livre de prières. C'est un **système**, une **structure**, une **architecture spirituelle** conçue pour t'aider à gouverner ta semaine avec intelligence, autorité et précision.

Voici comment l'utiliser efficacement :

1. Lis un jour à la fois

Chaque jour représente un domaine stratégique de ta vie et de ta destinée. Ne saute pas les étapes. Ne mélange pas les jours.

L'onction de ce manuel fonctionne selon un **ordre Divin**.
Suivre la séquence est une clé de percée.

2. Fais la prière principale à haute voix

Ce livre est bâti sur le principe du **décret**.

« La mort et la vie sont au pouvoir de la langue. » — Proverbes 18:21

Les prières doivent être:

- déclarées,
- proclamées,
- prononcées,
- légiférées.

Ne les lis pas silencieusement comme un texte théorique.
Fais-les sortir de ta bouche comme un **marteau spirituel** (Jérémie 23:29).

3. Médite les versets d'appui

Les passages bibliques fournis ne sont pas décoratifs. Ils sont les **fondations légales** de tes proclamations.

Tu peux :

- les lire,
- les répéter,
- les méditer,
- les mémoriser,
- les écrire dans ton journal.

4. Utilise les déclarations comme ton décret quotidien

À la fin de chaque jour, un ensemble de **déclarations prophétiques** est fourni. Ce sont des « **verdicts** » spirituels.

Prononce-les avec foi.

Prononce-les avec conviction.

Prononce-les comme un roi et un prêtre.

5. Prends le temps de répondre aux questions de réflexion

Chacune te conduit à :

- discerner,
- identifier les racines,
- exposer les cycles,
- reconnaître les démons familiers,
- interroger tes fondations,
- activer des révélations personnelles.

Ne réponds pas rapidement.
Laisse le Saint-Esprit te parler.

6. Conclus toujours avec le sceau de la Prière

Chaque jour se termine par un **sceau**.
C'est un acte spirituel pour fermer les portes :

- aux attaques,
- aux interférences,
- aux contrecoups,
- aux sabotages spirituels.

Scelle ta journée.
Ne laisse aucune brèche ouverte.

7. Recommence chaque semaine si nécessaire

- Ce manuel peut être utilisé :
- une fois,
- chaque mois,
- chaque trimestre,
- ou chaque fois que tu entres dans une nouvelle saison.

*La puissance de ce système de technologie spirituelle est dans sa **répétition intentionnelle**.*

8. Utilise ce manuel pour ta maison, ton ministère ou ton équipe

Tu peux :

- l'enseigner,
- l'utiliser dans des réunions de prière,
- en faire un programme de sept (7) jours,
- le partager avec ton église ou ton groupe.

Chaque section est structurée pour l'enseignement et la formation.

9. Sois sensible aux réactions spirituelles

Pendant ces sept jours, tu peux remarquer :

- des rêves,
- des impressions,
- des révélations,
- des résistances,
- des confirmations,
- des déchargements émotionnels,
- ou même des percées soudaines.

C'est normal. Tu es en train de déraciner, d'arracher, de renverser et de reconstruire (Jérémie 1:10).

10. Approche ce manuel avec foi, révérence et discipline

Ce livre n'est pas une potion magique. Le pouvoir ne vient pas des pages, mais de **Dieu** qui honore la foi, l'obéissance, et la constance.

- Si tu t'y engages pleinement,
- si tu légifères avec conviction,

- si tu suis chaque jour avec discipline,

Ta vie changera.
Ta semaine changera.
Ta destinée changera.

24

PRIÈRE D'OUVERTURE POUR LES 7 JOURS

Père Éternel, au nom glorieux de Jésus-Christ, je consacre ces sept jours entièrement à Toi.

Je dédie :

- mes pensées,
- mes paroles,
- mes prières,
- mes émotions,
- mon esprit,
- mon âme
- mon corps,
- mon environnement,
- ma maison,

- et ma destinée.

Je demande au Saint-Esprit de devenir mon instructeur, mon souffle, ma force, et mon guide.

Je demande la lumière du ciel sur chaque page, la puissance du ciel dans chaque prière, la justice du ciel dans chaque décret, et la gloire du ciel dans chaque proclamation.

Je réclame selon Jérémie 33:3, **"Invoque-moi, je te répondrai, et je te révélerai des choses grandes et cachées."**

Pendant ces sept (7) jours :

- ouvre mes yeux,
- ouvre mes oreilles,
- ouvre mon esprit,
- ouvre ma compréhension.

Je refuse la distraction, je ferme les portes à l'ennemi, je sanctifie ces jours comme des jours de transformation.

Je déclare que :

- toute forteresse tombera,
- tout cycle sera brisé,
- toute maladie se dissipera,
- toute pauvreté sera détruite,
- toute malédiction sera renversée,
- toute opposition sera neutralisée,
- toute promesse sera activée,
- et toute destinée sera établie.

Je marche dans la lumière de Christ.
Je marche dans l'autorité du Roi.
Je marche dans la domination du Royaume.

Que ces sept (7) jours marquent un avant et un après dans ma vie.

Au nom puissant de Jésus-Christ. Amen.

JOUR 1

LE MATIN DE LA DOMINATION : COMMANDER LA PORTE DU JOUR

1. LUMIÈRE DU JOUR

Le matin est la première bataille de la journée. Ce n'est pas une période de temps : c'est une **porte.**

Selon Job 38:12, Dieu pose une question dangereuse :

"As-tu commandé au matin ?"

Cela révèle une vérité, **le matin est programmé par la voix qui parle la première.**

Le ciel attend ta voix. La terre attend ton décret.

Ton atmosphère attend ton autorité.

Tu ne te lèves pas pour "entrer" dans la journée, tu te lèves pour **prendre possession** de la journée.

Le but de ce Jour 1 est simple : **se positionner comme roi et prêtre devant la porte du jour.**

2. FONDEMENTS BIBLIQUES DU JOUR

- **Job 38:12** – Commander le matin

- **Psaume 24:7** – Portes, élevez vos linteaux (têtes)

- **Psaume 118:24** – C'est le jour que l'Éternel a fait

- **Psaume 46:5** – Dieu la secourt dès l'aube

- **Lamentations 3:23** – Les bontés de l'Eternel se renouvellent le matin

- **Psaume 91:11** – Ses anges reçoivent des ordres

- **Ésaïe 45:2** – J'aplanirai les chemins

Ces versets constituent ton "mandat légal" pour ***dominer le matin.***

3. AXE DE BATAILLE DU JOUR

RENVERSER LES PROGRAMMATIONS NOCTURNES & ÉTABLIR LA VOLONTÉ DE DIEU

- La nuit est le moment où :
- des paroles sont libérées
- des décrets occultes sont établis
- des pièges sont programmés
- des retards sont assignés
- des atmosphères sont formées

*Le matin est le moment où **tu effaces, tu annules, tu renverses, tu réécris**.*

Aujourd'hui, ton axe de bataille comprend :

1. Briser les influences de la nuit
2. Anéantir les attentes du royaume des ténèbres
3. Ouvrir les portes de faveur et de protection
4. Sanctifier les heures du jour

5. Établir <u>ta voix</u> comme autorité dominante

4. DÉCRET ROYAL DU JOUR

Déclare ceci avec force :

Je prends autorité sur cette journée et j'en ferme toute porte à l'ennemi.
Je déprogramme toute intention de ténèbres libérée durant la nuit.
Je sanctifie ce matin par la Parole de Dieu.
Je commande à la lumière de se lever sur mes chemins.
Je proclame que ce jour se soumet à ma destinée.
Je parle aux portes du jour : ouvrez-vous pour la faveur, la paix et la protection.
Que rien ne vole ma joie, mon temps, ni mon énergie.
Je marche sous un ciel ouvert et sous une grâce renouvelée.
Au nom de Jésus !

5. PRIÈRE DE DOMINATION

Père Éternel, au nom puissant de Jésus-Christ, je me présente devant la porte de ce jour.
Je renverse toute programmation nocturne, toute parole libérée contre moi, toute intention de découragement, d'échec ou de confusion.

Je réclame le sang de Jésus sur mes pensées,
mes projets, mes déplacements et mes relations
aujourd'hui.

J'ordonne à mes pas d'être *alignés*,
à mes décisions d'être *inspirées*,
à mes rencontres d'être *divinement orchestrées*,
à mes opportunités d'être *débloquées*.

Que les anges du Seigneur se tiennent comme
gardiens à *chaque intersection* de ma journée.
Que les *fleuves de la faveur* coulent vers moi.
Que toute puissance de retard ou distraction soit
interrompue et dispersée.

Je décrète que **ce jour m'obéit**.
Je décrète que **ce jour coopère avec le dessein de Dieu**.
Je décrète que **je marche sous la domination spirituelle**.

Au nom de Jésus ! Amen.

6. ACTIVATION IDENTITAIRE

Déclare à haute voix :

Je suis un roi.
Je suis un prêtre.
Je suis un héritier.
La lumière m'écoute.
Mon matin m'écoute.
Mon atmosphère m'écoute.
Je ne subis pas ma journée,
je la gouverne.

Répète jusqu'à sentir un déplacement dans ton esprit.

7. QUESTIONS DE RÉFLEXION

1. Quel domaine de ma vie nécessite le plus de gouvernance ?

2. Quels schémas reviennent chaque lundi ou début de semaine ?

3. Qui ou quoi a parlé dans ma vie pendant mes silences ?

4. Quels décrets dois-je annuler aujourd'hui ?

5. Quels verdicts de Dieu dois-je imposer

cette semaine ?

8. PROCLAMATION FINALE DU JOUR

Je proclame que :

- ce jour est protégé,
- ce jour est sanctifié,
- ce jour est aligné,
- ce jour est fertile,
- ce jour est victorieux.

Les portes du jour s'ouvrent à ma cause.
Les chemins sont aplanis devant moi.
La faveur m'accompagne.
La grâce me précède.
Les anges exécutent la Parole de Christ.
La lumière me couvre.
*Et je marche dans la **domination spirituelle**.*

Ainsi soit-il, au nom de Jésus-Christ !

9. SCEAU DU JOUR

Père, je scelle cette journée sous le sang de l'Agneau.

Aucune flèche ne me touchera.
Aucun décret adverse ne tiendra.
Aucun sabotage ne prévaudra.
Cette journée est sanctifiée, protégée et alignée.

Au nom de Jésus-Christ — Amen.

JOUR 2

LA FORCE DE L'IDENTITÉ ROYALE : <u>ACTIVE TON AUTORITÉ</u>

1. MYSTÈRE DU JOUR
(révélation prophétique)

Toutes les batailles spirituelles commencent par une seule question :

"Qui es-tu réellement dans le Monde Spirituel ?"

Les esprits, les anges, les ténèbres, les autels, les atmosphères,
toutes les réalités invisibles reconnaissent — et réagissent —
non pas à ton *nom humain*, mais à **<u>ton identité spirituelle.</u>**

Le problème de beaucoup de croyants n'est pas le manque de prières. C'est le manque ou l'absence de **conscience de leur autorité**.

Dans le Royaume :

- Tu ne reçois pas ce que tu mendies.
- Tu reçois ce que tu incarnes.
- Tu manifestes ce que tu crois être.
- Tu conquiers ce que tu oses proclamer en tant qu'héritier.

Aujourd'hui, ton identité de <u>**roi et de prêtre**</u> doit être activée, honorée et assumée.

Car on ne peut pas dominer la semaine… si on ne sait pas d'abord *qui règne* ?

2. FONDEMENTS BIBLIQUES DU JOUR

Voici les textes qui constituent les bases légales de ton autorité :

- **Apocalypse 1:6** – Il a fait de nous des rois et des prêtres
- **Luc 10:19** – Je vous ai donné le pouvoir…

- **Romains 5:17** – Nous régnons dans la vie par Jésus-Christ

- **1 Pierre 2:9** – Vous êtes une race élue, un sacerdoce royal

- **Éphésiens 2:6** – Nous sommes assis dans les lieux célestes

- **Proverbes 28:1** – Le juste est plein d'assurance comme un lion

- **Psaume 8:6** – Tu l'as fait dominer sur les œuvres de tes mains

Ces textes ne décrivent pas seulement ton identité, ils décrivent ta fonction.

3. AXE DE BATAILLE DU JOUR

ACTIVE TA POSITION DE ROI ET REFUSE TOUTE IDENTITÉ IMPOSÉE

L'ennemi ne craint pas tes émotions. Il craint ton positionnement.

6. Aujourd'hui, la bataille comporte trois axes :

7. *Rejeter les fausses identités* (échec, victimisation, impuissance, peur)

8. **Se réapproprier son autorité légale en Christ**

9. **S'asseoir dans sa position royale** *pour régner sur :*

- l'atmosphère,
- les circonstances,
- les influences,
- les décisions,
- les opportunités,
- les défis du jour.

Tu ne combats pas pour être un roi. ***Tu combats parce que tu es un roi.***

4. DÉCRET ROYAL DU JOUR

Déclare avec force et conviction :

J'affirme aujourd'hui mon identité royale en Christ.
Je refuse toute identité imposée par la peur, les échecs ou les oppressions.
Je suis assis avec Christ dans les lieux célestes :
au-dessus de toute puissance, intimidation ou manipulation.
Ma <u>voix</u> porte l'autorité du Royaume.

Mes paroles établissent, renversent, déclenchent et ordonnent.
Je marche avec la conscience d'un héritier,
d'un roi, d'un prêtre et d'un dominateur.
Aucune force ne me réduira au silence.
J'active mon autorité maintenant, au nom de Jésus.

5. PRIÈRE DE DOMINATION

Père Éternel,
au nom de Jésus-Christ, je viens activer ma véritable identité en Toi.
Je rejette toute confusion, tout mensonge, toute voix intérieure ou extérieure
qui tente de diminuer ma valeur, de voler ma force ou d'affaiblir ma foi.

Que le feu du Saint-Esprit consume maintenant :

- la peur,
- l'intimidation,
- la fausse humilité,
- la honte,
- les traumatismes,
- les limitations mentales,

- les mensonges hérités ou appris.

Je proclame que je suis un roi établi, un prêtre consacré, un héritier légitime porteur de l'autorité du Royaume.

- Établis-moi dans la conscience de ma position.
- Ouvre mes yeux sur la grandeur de mon héritage.
- Place sur ma tête la couronne de domination,
  et sur mes épaules le manteau d'autorité.

Je marche aujourd'hui dans la puissance royale, et rien ne me fera reculer.

Au nom de Jésus-Christ ! Amen.

6. ACTIVATION IDENTITAIRE

Déclare ceci 7 fois :

"Je suis un prêtre dans le Royaume de Dieu.
Je suis un roi appelé à légiférer.
Je suis un héritier établi.
Je suis une voix qui gouverne.
Rien en moi n'est petit, faible ou caché.

Je suis revêtu d'autorité.
Je règne dans la vie par Jésus-Christ."

Ne te presse pas. Laisse ces phrases descendre dans ton esprit comme un fleuve ou comme une huile d'onction.

7. QUESTIONS DE RÉFLEXION

1. Quelles blessures influencent encore mes réactions aujourd'hui ?

2. Quelles voix ou paroles m'ont marqué négativement ?

3. Quel mensonge ai-je cru sur moi-même ?

4. Quel domaine de mon âme a besoin de guérison immédiate ?

5. Qu'est-ce que le Saint-Esprit commence déjà à révéler concernant ma restauration ?

8. PROCLAMATION FINALE DU JOUR

Je proclame que :

- Mon identité est restaurée.
- Ma couronne est visible dans le monde spirituel.
- Ma voix est reconnue.
- Mon autorité est activée.
- Aucun esprit d'usurpation ne dominera ma journée.
- Mon héritage ne sera jamais volé.
- J'avance comme héritier, non comme esclave.
- Je marche dans la domination spirituelle.

Aujourd'hui, je règne. Aujourd'hui, j'avance.
Aujourd'hui, j'établis mon héritage.
Au nom puissant de Jésus-Christ. Amen!

9. SCEAU DU JOUR

Père, je scelle ma guérison sous le sang de Jésus.
Je refuse toute rechute émotionnelle.
Je ferme toute porte ouverte à l'ennemi.
Je proclame que ma restauration est complète, permanente, scellée.

Au nom de Jésus-Christ — Amen.

JOUR 3

PERCÉE ET RENVERSEMENT : DÉMANTELER LES OPPOSITIONS INVISIBLES

1. RÉVÉLATION DU JOUR

*Toutes les oppositions que vous rencontrez dans le naturel commencent **toujours** dans l'invisible.*

Il n'y a pas de retard sans cause spirituelle.
Il n'y a pas de confusion sans atmosphère.
Il n'y a pas de stagnation sans résistance.
Il n'y a pas d'échecs répétés sans programmation.

*Le Jour 3 est le jour de **rupture**, de **renversement**, de **percussion spirituelle**.*

Cette vérité est fondamentale :

Le royaume des ténèbres respecte la force, pas la passivité. Il cède devant la confrontation spirituelle par la vérité scripturaire de Christ, pas devant les émotions.

La percée ne vient pas quand tu attends, mais elle vient quand **tu renverses**.

- *Aujourd'hui, tu vas :*
- briser les cycles
- renverser les forteresses
- repousser les assauts
- neutraliser les voix contraires
- fermer les fenêtres d'attaque
- récupérer le terrain volé
- établir la victoire

Jour 3 = **Jour de guerre**.

2. FONDEMENTS BIBLIQUES

Voici les écritures qui constituent l'autorité légale du jour :

- **2 Corinthiens 10:4-5** – Les armes de

notre guerre détruisent les forteresses

- **Ésaïe 54:17** – Aucune arme formée contre toi ne réussira

- **Psaume 18:39** – Tu me ceins de force pour le combat

- **Matthieu 11:12** – Le Royaume des cieux appartient aux violents

- **Luc 10:19** – Je vous ai donné pouvoir sur toute puissance ennemie

- **Ésaïe 49:25** – Je libérerai ta proie de la main du puissant

- **Jérémie 1:10** – J'ai établi ton autorité pour renverser et pour bâtir

Chaque verset est une arme. Chaque mot est une clé.

3. AXE DE BATAILLE DU JOUR

Briser les cycles, renverser les forteresses et neutraliser les oppositions invisibles

Aujourd'hui, nous ciblons :

6. Les forteresses mentales (peur, doute,

découragement, confusion)

7. Les cycles d'échec (presque-réussi, presque-arrivé, cycles de stagnation)

8. Les oppositions atmosphériques (lourdeur, résistance, interférences)

9. Les manipulations spirituelles (autels, paroles, manipulations nocturnes)

10. Les esprits de retard (décalages, détours, dispersions)

11. Les blocages dans les projets et opportunités

12. Les attaques contre la santé, la famille, ou l'avancement.

Aujourd'hui, tu n'attends pas que la percée vienne, tu la crées.

4. DÉCRET ROYAL DU JOUR

Déclare avec autorité :

Je prends autorité sur toute opposition programmée contre moi.
Je renverse les forteresses, les barrières, les chaînes et les résistances.
Tout cycle d'échec, de confusion, de distraction ou de retard est brisé.

J'annule toute parole négative, toute programmation nocturne,
tout décret maléfique relâché contre ma destinée.
Je décrète la percée sur chacun de mes chemins.
Je libère la lumière, la vitesse et la faveur.
Toute opposition est renversée, au nom puissant de Jésus-Christ.

5. PRIÈRE DE DOMINATION

Père Éternel,
au nom de Jésus-Christ, je me lève dans ma royauté pour briser toute résistance.

Que le feu du Saint-Esprit:

- détruise les forteresses de la peur,
- annule les cycles d'échec,
- renverse les alliances du découragement,
- neutralise les voix de limitation,
- consume les autels qui combattent mon avancement.

Je parle à chaque montagne :
Ôte-toi de là !

Je parle à chaque mur invisible :
Tombe maintenant !

Je parle à chaque piège caché :
Sois exposé et anéanti !

Je récupère mon territoire, mes forces, mes opportunités, mes faveurs.
Je me tiens dans la victoire du Christ.
Aujourd'hui, je marche dans la percée et le renversement.

Au nom puissant de Jésus ! Amen.

6. ACTIVATION IDENTITAIRE

Déclare avec puissance :

Je suis un démolisseur de forteresses.
Je suis un guerrier du Royaume.
Je suis une voix que l'enfer redoute et respecte.
Je suis porteur de percée.
Je suis établi en autorité.
L'opposition ne peut pas m'arrêter.

Le retard ne peut pas me contenir.
Je renverse. J'avance. Je conquiers.

7. QUESTIONS DE RÉFLEXION

1. Quel cycle se répète dans ma famille ?
2. Quel combat semble être héréditaire ?
3. Quel autel dois-je renverser aujourd'hui ?
4. Quelles paroles anciennes influencent encore ma vie ?
5. Quelle fondation nécessite une restauration urgente ?

8. PROCLAMATION FINALE

Je proclame que :

- les cycles sont brisés,
- les résistances tombent,
- les forteresses s'effondrent,
- les barrières disparaissent,
- la percée est déclenchée,
- mes chemins s'ouvrent,

- les opportunités sont débloquées,
- la victoire m'accompagne.

Aujourd'hui, j'avance sans interruption.
Aujourd'hui, je marche dans la puissance.
Aujourd'hui, je domine toute opposition.
Aujourd'hui, je renverse ce qui se dressait contre moi.
Aujourd'hui, j'établis mon héritage.

Au nom de Jésus-Christ ! Amen.

9. SCEAU DU JOUR

Père, je scelle cette journée sous le sang de l'Agneau.
Je ferme toute brèche.
Je rends nulles toutes représailles.
Je proclame que ma libération est permanente.
Je marche désormais sur des fondations nouvelles.

Au nom de Jésus-Christ — Amen.

JOUR 4

AUTELS ET ALLIANCES : BRISER LES LIENS CACHÉS ET RÉCUPÉRER SON HÉRITAGE

1. RÉVÉLATION DU JOUR

*Dans le monde spirituel, **rien ne parle sans un autel**, et rien ne perdure sans une alliance.*

Un autel est un **point de contact** entre le visible et l'invisible.
Une alliance est un **contrat spirituel** qui donne droit d'entrée à des influences.

Certains combats dans ta vie ne sont pas personnels, ils sont **générationnels**.
Et certaines batailles ne sont pas présentes, elles étaient **programmées avant ta naissance**.

Ce qui te résiste n'est pas toujours ton propre combat. Parfois, tu es la première génération à dire :

« Ça s'arrête avec moi. »

Le Jour 4 est le jour où tu détruis :

- les voix anciennes
- les dettes spirituelles héritées
- les programmations familiales
- les cycles transmis
- les influences non autorisées
- les alliances conclues en ton nom

Aujourd'hui, tu sors du système qui te combattait au nom de Jésus, et tu entres dans le système du Royaume.

2. FONDEMENTS BIBLIQUES

Voici les écritures qui donnent la légalité spirituelle de ce jour :

- **Ésaïe 10:27** – L'onction brise le joug
- **Galates 3:13** – Christ m'a racheté de la

malédiction

- **Colossiens 2:14-15** – Les ordonnances contre moi sont effacées
- **Zacharie 3:1-5** – Les vêtements sales sont retirés
- **Juges 6:25-32** – Gédéon détruit l'autel de son père
- **1 Rois 18:38** – Le feu de Dieu consume l'autel
- **Hébreux 12:24** – Le sang de Jésus parle mieux que tout sang

Tout autel a une voix. Le sang de Jésus a la voix suprême et la plus puissante.

3. AXE DE BATAILLE DU JOUR

Identifie, brise et renverse les autels et alliances qui parlent contre ta destinée

Aujourd'hui, nous traitons :

1. **Les autels familiaux** (idolâtrie, magie, occultisme, initiations anciennes)
2. **Les alliances involontaires** (serments familiaux, traditions, pactes

ancestraux, malédictions chrétiennes)

3. **Les cycles transmis** (échecs répétés, divorces, dettes, maladies)
4. **Les autels territoriaux** (spiritualité de lieux, atmosphères chargées)
5. **Les autels relationnels** (liens d'âme toxiques, manipulations)
6. **Les alliances émotionnelles** (peur, rejet, abandon, honte)
7. **Les voix anciennes** (programmations généalogiques, accusations spirituelles)

Aujourd'hui, les registres spirituels sont revisités. Les écritures contre ton nom sont effacées. Les voix qui t'accusaient sont réduites au silence.

4. DÉCRET ROYAL DU JOUR

Déclare avec autorité :

Je renonce à toute alliance consciente ou inconsciente qui parle contre ma destinée.
Je détruis tout autel qui réclame ma vie, mon succès, ma santé ou mes finances.
Je retire mon nom, ma famille et mes générations de tout système d'oppression.
Je décrète que seul l'autel de Jésus-Christ parlera

sur ma vie.
J'efface toute écriture, tout verdict, toute accusation et toute dette spirituelle.
Je proclame ma totale délivrance et ma pleine rédemption au nom de Jésus-Christ.

5. PRIÈRE DE DOMINATION

Père Éternel,
au nom puissant de Jésus-Christ, je me lève pour renverser tout autel qui combat ma destinée.

Que le feu du Saint-Esprit :

- consume les autels ancestraux qui réclament mon nom,

- brise les alliances conclues par mes pères,

- annule les pactes établis dans mon sang,

- désactive les cycles de malédiction,

- ferme les bouches impures ou non autorisées qui parlent contre moi,

- renverse les influences qui résistent à mon avancement.

*Je coupe les liens d'âme toxiques,
je sors des prisons spirituelles,
je quitte les territoires de limitation,
je détruis les programmes de retard.*

Je me tiens sous la couverture du sang de Jésus, et je déclare que ce sang parle plus fort et plus efficacement que toute voix contraire.

Aujourd'hui, je suis séparé.

Aujourd'hui, je suis libéré.

Aujourd'hui, je suis replacé dans mon héritage.

Au nom de Jésus. ! Amen.

6. ACTIVATION IDENTITAIRE

Proclame avec puissance :

**Je suis un autel vivant du Seigneur.
Je suis un héritier du Royaume.
Je suis racheté par le Sang.
Je suis séparé pour la gloire.
Aucune alliance ancienne n'a plus aucun droit sur ma vie.
Aucun autel maléfique ne peut me réclamer.
Je marche dans la bénédiction générationnelle.**

Je porte un héritage de domination.
Je suis libre, restauré et établi.

7. QUESTIONS DE RÉFLEXION

1. Quels domaines de ma vie sont les plus attaqués ?

2. Où ai-je cédé du terrain dans le passé ?

3. Quelles armes spirituelles dois-je utiliser davantage ?

4. Quelle victoire ai-je négligé d'appliquer ?

5. Quelle intimidation l'ennemi utilise-t-il contre moi ?

8. PROCLAMATION FINALE

Je proclame que :

- les autels de confusion sont démolis,
- les alliances de malédiction sont brisées,
- les cycles anciens sont détruits,
- les voix accusatrices sont réduites au silence,
- ma lignée est rachetée,

- mon nom est purifié,
- mon héritage est sécurisé.

Aujourd'hui, j'entre dans une nouvelle saison.
Aujourd'hui, mon sang parle une nouvelle histoire.
Aujourd'hui, je suis la rupture et la reconstruction de ma génération.
Aujourd'hui, je marche dans la domination spirituelle.

Au nom de Jésus-Christ ! Amen.

9. SCEAU DU JOUR

Père, je scelle ma victoire sous le sang de Jésus.
Je ferme toute porte à l'ennemi.
Je neutralise tout contrecoup, toute attaque de retour, tout sabotage.
Je proclame que ma journée est sécurisée, protégée et sanctifiée.

Au nom de Jésus-Christ — Amen.

JOUR 5

GUÉRISON, SANTÉ ET FORCE : RÉCUPÈRE TON <u>CORPS</u> ET FERME LES <u>PORTES</u> À L'INFIRMITÉ

1. RÉVÉLATION DU JOUR

Ton corps n'est pas un poids, c'est **un instrument de domination**.

Le Royaume avance à travers un esprit né de Dieu, une âme renouvelée, et **un corps aligné**.

Lorsque l'ennemi ne peut pas arrêter ta destinée, il tente d'attaquer **ton instrument** :

- fatigue inexpliquée,
- douleurs récurrentes,

- cycles de maladie,
- attaques nocturnes,
- infirmités héréditaires,
- affaiblissement soudain,
- découragement physique,
- dispersion d'énergie.

Mais voici la vérité du Jour 5 :

La maladie n'a pas de droit ou d'accès légal à un corps sanctifié et consacré à Dieu.

La guérison n'est pas seulement une promesse, c'est **une alliance** du Royaume.

Tu n'es pas simplement appelé à être guéri. Tu es appelé à **marcher dans la santé divine**.

2. FONDEMENTS BIBLIQUES

Voici les écritures qui légalisent et authentifient ton droit à la santé :

1. **Ésaïe 53:4-5** – Par Ses meurtrissures, je suis guéri

2. **Psaume 103:2-3** – Dieu guérit toutes mes maladies

3. **3 Jean 1:2** – Je prospère à tous égards, comme prospère mon âme

4. **Proverbes 4:20-22** – Sa Parole est guérison pour tout mon corps

5. **Matthieu 8:16-17** – Jésus guérit pour accomplir l'Écriture

6. **Psaume 118:17** – Je ne mourrai pas, je vivrai

7. **Romains 8:11** – L'Esprit qui a ressuscité Christ vivifie mon corps

*La guérison n'est pas un événement, c'est **l'héritage de ceux qui appartiennent au Roi**.*

3. AXE DE BATAILLE DU JOUR

Fermer les portes de la maladie, briser les attaques d'infirmité, activer la santé Divine et restaurer la force

Aujourd'hui, nous combattons :

1. Les maladies récurrentes
2. Les cycles héréditaires d'infirmité

3. La fatigue chronique ou spirituelle
4. Les attaques nocturnes contre le corps
5. Les douleurs mystérieuses ou programmées
6. Les atteintes à l'immunité, au sang et aux organes
7. Les maladies qui ralentissent la destinée

Aujourd'hui, le corps reprend sa position de **temple** et l'ennemi perd tout droit de résidence.

4. DÉCRET ROYAL DU JOUR

Déclare avec puissance et autorité :

Je décrète que mon corps appartient au Seigneur.
Toute maladie, toute douleur, toute faiblesse perd son droit légal.
Toute attaque contre ma santé est annulée.
Toute affliction est brisée.
Toute programmation d'infirmité est détruite.
Le Sang de Jésus parle guérison sur chaque cellule, chaque organe, chaque système de mon corps.
Je marche dans la force, la vitalité, la restauration et la santé divine.

Aucune maladie ne règnera sur mon corps.
Je suis guéri, je suis fortifié, je suis vivifié
au nom de Jésus-Christ.

5. PRIÈRE DE DOMINATION

Éternel,
au nom de Jésus-Christ, je me lève en autorité
pour prendre possession de mon corps.

Je commande :

- à toute racine d'infirmité : **sèche maintenant** !

- à toute maladie cachée : **sois exposée et détruite** !

- à toute affliction ancestrale : **libère mon sang** !

- à toute douleur récurrente : **quitte mon corps** !

- à tout esprit de faiblesse : **sors** !

- à tout vol de force : **cesse maintenant** !

Que le feu du Saint-Esprit purifie mon système, rénove mes organes, restaure mon énergie, renouvelle ma vitalité.

Je relâche la puissance de la résurrection dans mon corps.
Selon Romains 8:11, l'Esprit qui a ressuscité Christ vivifie mes membres.

Je déclare que ma santé est scellée. Mon corps est restauré. Ma force est renouvelée. Ma guérison est permanente.

Au nom puissant de Jésus. Amen.

6. *ACTIVATION IDENTITAIRE*

Proclame ceci avec autorité :

Je suis un temple du Saint-Esprit.
Je suis un porteur de vie.
Je suis un héritier de la santé divine.
Je suis intouchable par les maladies.
Je suis établi dans la guérison.
Je suis rempli de force.
Je suis revêtu de vitalité.
La maladie n'habite pas mon corps.
La faiblesse ne gouverne pas mes jours.

Je suis entièrement restauré.

7. QUESTIONS DE RÉFLEXION

1. Quelle parole négative ai-je crue concernant l'argent ?

2. Quel cycle financier dois-je briser ?

3. Quelle porte attend encore mon décret ?

4. Quel héritage financier veux-tu bâtir pour ma génération ?

5. Quelle vision économique Dieu me donne-t-il ?

8. PROCLAMATION FINALE

Je proclame aujourd'hui que :

- Mon corps est guéri.
- Ma force est renouvelée.
- Ma santé est protégée.
- Ma vie est préservée.
- Mes années sont prolongées.
- Ma destinée est sécurisée.
- Mon énergie est restaurée.
- Mon corps répond au Royaume et non à la maladie.

Aujourd'hui, je marche dans la santé, je respire la guérison, je déclare la vie, je porte la force.

Au nom de Jésus-Christ ! Amen.

9. SCEAU DU JOUR

Père, je scelle cette journée sous le sang de Jésus. Je ferme toute porte au sabotage financier. J'annule tout contrecoup, toute attaque, toute interférence.

Je proclame que ma prospérité est protégée, sanctifiée et éternellement alignée avec ta volonté.

Au nom de Jésus-Christ — Amen.

JOUR 6

RICHESSE, RESSOURCES ET EXPANSION : ACTIVER L'ALLIANCE DE PROSPÉRITÉ ET RENVERSER LES EMPÊCHEMENTS FINANCIERS

1. RÉVÉLATION DU JOUR

*La pauvreté n'est pas l'absence d'argent. C'est **une forteresse spirituelle**, un système de limitations, un cycle de manque, un esprit d'oppression et une atmosphère qui étouffe la destinée.*

Dans le Royaume, la richesse n'est pas un luxe. C'est une **mandat royal**.

Tu ne peux pas influencer sans ressources.

Tu ne peux pas bâtir sans provision.

Tu ne peux pas étendre le Royaume sans moyens.

Tu ne peux pas soutenir la vision sans abondance.

Dieu n'exalte jamais une personne sans l'équiper financièrement.

Aujourd'hui, tu fais ceci :

Tu brises la pauvreté.
Tu démolis les forteresses du manque.
Tu actives l'alliance de richesse.
Tu libères les ressources nécessaires à ton mandat.

Jour 6 = **Jour de déplacement financier, jour d'expansion, jour de manifestation.**

2. FONDEMENTS BIBLIQUES

Voici les écritures qui établissent ton droit légal à la prospérité :

- **Deutéronome 8:18** – Il me donne le pouvoir de devenir riche
- **Psaume 112:1-3** – La richesse et

l'abondance sont dans ma maison

- **Philippiens 4:19** – Dieu pourvoit à tous mes besoins

- **Proverbes 10:22** – La bénédiction de l'Éternel enrichit

- **3 Jean 1:2** – Je prospère à tous égards

- **Ésaïe 45:3** – Les trésors cachés me sont révélés

- **Malachie 3:10-12** – Les fenêtres des cieux sont ouvertes

*La prospérité n'est pas un accident. C'est un **décret, une alliance, une activation, une obéissance**.*

3. AXE DE BATAILLE DU JOUR

Briser les limitations financières, libérer les ressources, ouvrir les portes économiques et activer la multiplication

Aujourd'hui, nous combattons :

1. Les esprits de manque et d'insuffisance
2. Les programmations de retard financier
3. Les altérations dans les opportunités

4. Les voleurs spirituels qui volent les revenus
1. Les dettes générationnelles
2. Les blocages systématiques dans les affaires, projets, transactions
3. Les portes économiques brusquement fermées.

Et nous activons :

- la multiplication,
- l'accélération,
- les connexions stratégiques,
- la faveur financière,
- les idées inspirées,
- les stratégies du Royaume,
- les descentes de ressources.

4. DÉCRET ROYAL DU JOUR

Déclare maintenant avec autorité :

Je décrète que la pauvreté n'a plus de pouvoir sur moi.
Je renverse toute forteresse financière.

Je brise toute dette spirituelle ou naturelle qui limite mon avancement.
Je proclame l'ouverture des portes économiques.
Je commande aux ressources de me localiser.
J'attire la faveur, les opportunités, les contrats, les idées et les partenariats divins.
Je décrète que l'alliance de richesse de Dieu est active sur ma vie.
Je marche dans l'abondance, la provision et l'expansion
au nom de Jésus-Christ.

5. *PRIÈRE DE DOMINATION*

Père Éternel,
au nom de Jésus-Christ, je me lève en autorité pour renverser les systèmes de pauvreté.

Je commande :

- à tout esprit de manque : **quitte ma vie !**
- à tout cycle d'insuffisance : **sois brisé !**
- à toute porte financière fermée : **ouvre-toi maintenant !**
- à tout retard économique : **cesse !**
- à tout vol spirituel : **restitue au centuple !**

Que le feu du Saint-Esprit :

- purifie mes mains,
- sanctifie mes revenus,
- multiplie mes sources,
- ouvre mes chemins,
- active mes idées,
- amplifie mes opportunités.

Je réclame les trésors cachés,
je revendique les richesses assignées à ma destinée,
je saisis les opportunités Divines,
je marche dans la faveur financière,
je déclenche la provision surnaturelle.

Selon Deutéronome 8:18,
selon Ésaïe 45:3,
selon Malachie 3:10-12,
je proclame que **la richesse circule et se dirige vers moi.**

Au nom puissant de Jésus ! Amen.

6. ACTIVATION IDENTITAIRE

Déclare avec force :

Je suis porteur de richesse.
Je suis un distributeur de ressources.
Je suis un gestionnaire du Royaume.
Je suis béni dans les œuvres de mes mains, dans mes projets, dans mes chemins.
Je porte l'onction pour prospérer.
Je suis un aimant de faveur.
Je suis un attracteur ou provocateur de ressources.
Je suis un constructeur de richesse.
Je suis **établi** *dans la prospérité Divine.*

7. QUESTIONS DE RÉFLEXION

1. Qu'ai-je perdu qui doit être récupéré aujourd'hui ?

2. Quel domaine de ma vie a été saboté ?

3. Où ai-je besoin d'une restauration de temps ?

4. Quelle zone de ma destinée doit être reconquise ?

5. Dans quel domaine Dieu veut-il m'établir maintenant ?

8. PROCLAMATION FINALE

Je proclame aujourd'hui que :

- Les portes financières s'ouvrent.
- Les limitations tombent.
- Les ressources affluent.
- Les dettes se brisent.
- Les stratégies m'inondent.
- Les idées se multiplient.
- Les opportunités me localisent.
- La richesse du Royaume se manifeste en moi.

Je marche dans :

- l'abondance,
- la provision,
- l'expansion,
- la multiplication,
- le progrès continu,
- la faveur sans fin.

Au nom puissant de Jésus-Christ ! Amen.

9. SCEAU DU JOUR

Père, je scelle ma récupération totale sous le sang de Jésus.
Je ferme la porte à tout vol futur.
Je neutralise toute attaque de représailles.
Je proclame que ce que j'ai récupéré est protégé, scellé, et multiplié.

Au nom puissant de Jésus-Christ — Amen.

JOUR 7

VICTOIRE TOTALE, COURONNE ET ÉTABLISSEMENT : ENTRE DANS TON RÈGNE ET SCELLE TON HÉRITAGE

1. RÉVÉLATION DU JOUR

*Par les six premiers jours, tu as arraché, détruit, renversé, brisé, guéri, délivré, restauré… Mais sans un **jour d'établissement**, le combat reste ouvert.*

Les rois ne gagnent pas seulement des batailles, **ils stabilisent des royaumes.**

Le Jour 7 est le jour où :

- tu t'assieds sur ton trône,
- tu portes ta couronne,

- tu consolides ton territoire,
- tu scelles les victoires obtenues,
- tu fermes les portes aux attaques futures,
- tu entres dans le repos du vainqueur,
- tu marches dans la majesté du Royaume,
- tu gouvernes les atmosphères.

La domination ne consiste pas seulement à combattre…
Elle consiste à régner.

Aujourd'hui, tu passes de l'identité de combattant à l'identité de *roi.*

2. FONDEMENTS BIBLIQUES

Voici les Écritures qui légalisent et authentifient ce jour :

- **Apocalypse 5:10** – Il m'a fait roi et sacrificateur
- **Romains 5:17** – Je règne en vie par Jésus-Christ
- **Psaume 8:6** – Tout est mis sous mes pieds

- **Psaume 110:1-3** – Je domine au milieu de mes ennemis

- **1 Pierre 2:9** – Je suis une race royale

- **Éphésiens 2:6** – Je suis assis dans les lieux célestes

- **Deutéronome 28:13** – Je suis la tête et non la queue

- **Josué 21:45** – Aucune des promesses de Dieu n'a failli

*Aujourd'hui, tu entres dans un héritage de **stabilité**, **de gouvernement et de couronne**.*

3. AXE DE BATAILLE DU JOUR

Sceller les victoires, asseoir l'autorité, établir le règne et stabiliser la destinée

Aujourd'hui, je traite :

1. La consolidation des victoires obtenues
2. La fermeture définitive des portes d'attaque
3. L'établissement de la domination territoriale

4. La couronne prophétique du destin

5. La restauration et la stabilisation de ma maison

6. La domination sur le temps, les saisons et les atmosphères

7. L'héritage pour mes générations

Aujourd'hui, tu entres dans une stabilité que rien ne pourra renverser.

4. DÉCRET ROYAL DU JOUR

Déclare avec autorité :

Je décrète que ma victoire est totale,
permanente et irréversible.
Je m'assieds dans l'autorité royale qui <u>me revient de droit</u> en Christ.
Toute porte ouverte à l'ennemi est fermée.
Toute attaque future est neutralisée.
Toute bénédiction relâchée est scellée.
Toute conquête devient <u>héritage</u>.
Je suis établi, enraciné, couronné et affermi.
Je règne au milieu de mes ennemis.
Je marche dans la majesté, l'honneur et la puissance du Royaume.
Ma destinée est consolidée et mes générations sont sécurisées
au nom de Jésus-Christ !

5. *PRIÈRE DE DOMINATION*

Éternel,
au nom de Jésus-Christ, je me tiens aujourd'hui comme roi, héritier et gouverneur spirituel.

Je scelle par le Sang tout ce que tu as accompli dans ma vie :

- La délivrance
- La guérison
- La prospérité
- La restauration
- La libération
- La percée
- La victoire
- La transformation

Je demande :

- une muraille de feu autour de ma destinée,
- une clôture spirituelle autour de ma maison,
- une stabilisation de toutes mes bénédictions,

- une protection des fruits de mon travail,
- une consolidation de mes percées.
- Je décrète que :
- mes portes sont gardées,
- mes saisons sont protégées,
- mes victoires sont permanentes,
- mes territoires sont sécurisés,
- mes générations sont bénies.

Je ferme toute fenêtre spirituelle par laquelle l'ennemi a pu opérer.
Je détruis toute réactivation de malédiction.
Je coupe tout cycle de stagnation ou de retour en arrière.
Je scelle toute brèche spirituelle.

Aujourd'hui, je m'élève dans l'autorité de Christ et je règne.

6. ACTIVATION IDENTITAIRE

Déclare avec puissance :

Je suis un roi dans le Royaume.
Je suis établi pour régner.

Je suis assis dans les lieux célestes.
Je marche dans l'autorité.
Je porte la couronne de souveraineté.
Mon nom est honoré.
Ma destinée est bien gardée.
Ma maison est gracieusement bénie.
Mes générations sont sécurisées.
Je gouverne et je contrôle les atmosphères.
Je règne en vie par Jésus-Christ.

7. QUESTIONS DE RÉFLEXION

1. Qu'est-ce que je dois déposer sur l'autel aujourd'hui ?

2. Dans quel domaine ai-je besoin d'un alignement profond ?

3. Quelle voix rivalise encore avec la voix de Dieu ?

4. Quelle direction ai-je attendue ou ignorée ?

5. À quel niveau de gouvernance spirituelle suis-je appelé ?

8. PROCLAMATION FINALE

Je proclame aujourd'hui que :

- La couronne est sur ma tête
- Le sceptre est dans ma main
- Le trône est sous mes pieds
- Le Royaume avance en moi et par moi
- La faveur Divine me couvre
- La victoire m'accompagne
- L'autorité me revêt
- La paix m'entoure
- La prospérité m'inonde
- La sagesse surnaturelle me guide
- Le système de protection du royaume me garde
- La lumière m'établit.

Aujourd'hui, j'entre dans le repos du vainqueur. Aujourd'hui, je marche dans l'honneur du Roi. Aujourd'hui, je vis dans la majesté du Royaume. Aujourd'hui, ma destinée est affermie pour toujours.

Au nom de Jésus-Christ ! Amen.

9. SCEAU DU JOUR

Père, je scelle ma consécration sous le sang de Jésus.
Je scelle mon alignement.
Je scelle ma stabilité.
Je scelle ma direction.
Je scelle ma marche prophétique.

Je ferme les portes de l'égarement et j'ouvre celles de la clarté divine.

Je proclame que **ma vie est désormais gouvernée par l'Esprit**.

Au nom puissant de Jésus-Christ — Amen.

CONCLUSION

Si tu es arrivé jusqu'ici, ce livre n'a pas seulement été lu : il a été vécu.

Tu as renversé, brisé, construit, établi et proclamé. Tu as traversé sept portails spirituels, chacun t'ayant élevé un peu plus dans la stature, la maturité, la vigilance, la force, la vision et l'autorité du Royaume.

Mais la domination ne se vit pas en sept jours uniquement.
Elle se vit **chaque jour**.

Ce que tu as reçu :

- ce sont des clés,
- des lois spirituelles,
- des modèles de prière,
- des armes,
- des décrets,
- des positions légales,

- des strategies du Royaume.

*Maintenant que tu es entré dans la domination, il te revient de la **conserver**, de la **cultiver** et de la **transmettre**.*

Que ce livre demeure un manuel dans ta maison, un arsenal dans ton esprit, un héritage pour tes enfants, un exemple pour tes disciples, et un rappel permanent que **tu n'es pas un simple croyant, tu es un ambassadeur du Roi !**

Marche avec assurance.

Règne avec sagesse.

Interviens avec puissance.

Conserve ton territoire.

Étends ton influence.

Protège ton héritage.

Tu es né pour dominer.

MOT DE LA FIN

Si tu es arrivé au terme de ce parcours, alors quelque chose en toi a changé. Ces sept jours n'ont pas seulement transformé ta manière de prier, ils ont transformé ta manière d'exister dans le Royaume.

Tu ne reviendras plus jamais à la passivité, à l'attente silencieuse, ou à la résignation spirituelle.

Car tu as goûté à ta vraie dimension, celle d'un héritier, d'un sacrificateur, d'un conquérant, et d'un roi.

Les batailles que tu pensais perdues renaissent maintenant sous une nouvelle lumière.
Les montagnes qui te semblaient immobiles reconnaissent désormais ton autorité.
Les voix qui te limitaient ont perdu leur droit légal.
Les portes qui te résistaient s'ouvrent maintenant d'elles-mêmes.
Les saisons qui te manquaient se précipitent désormais vers toi.

Tu n'es plus une victime de l'invisible. Tu es devenu

une menace pour ce qui limitait ta lignée.

Car la domination n'est pas une expérience, c'est un mandat. C'est ton mandat.

Avance maintenant. Conquiers. Établis. Transmets. Règne !

Le Royaume t'appartient, et tu appartiens au Royaume.

Puisse ce livre demeurer un pilier, un compagnon,
et une arme, non pas pour un moment,
mais pour toute ta vie !

BÉNÉDICTION APOSTOLIQUE

Au nom de Jésus-Christ,
le Roi des rois,
le Seigneur des seigneurs,
le Chef de toute principauté,
le Souverain du ciel et de la terre,

Je libère sur toi une bénédiction apostolique de :

- **force pour la bataille,**
- **clarté pour les saisons,**
- **autorité pour gouverner,**
- **courage pour avancer,**
- **puissance pour renverser,**
- **grâce pour bâtir,**
- **sagesse pour discerner,**
- **prospérité pour étendre,**
- **faveur pour régner,**
- **protection pour durer,**

- **et héritage pour transmettre.**

Que l'onction de domination repose sur toi !
Que les portes anciennes te reconnaissent !
Que les territoires te répondent !
Que les atmosphères se soumettent à ta voix !
Que la lumière du Royaume éclaire tes pas !
Que la paix de Dieu entoure ta maison !
Que les anges du Très-Haut dressent un camp militaire autour de toi !
Que la gloire du Seigneur marque ton visage !
Que ton nom soit gardé par le 3ème Ciel !
Que ta destinée soit scellée par le Sang de Christ !
Que tes jours soient couronnés de victoire !
Et que tes générations marchent dans l'alliance que tu as activée !

Je bénis :

- *ton esprit* — qu'il reste sensible, éveillé, affûté.

- *ton âme* — qu'elle demeure stable, guérie et éclairée.

- *ton corps* — qu'il soit fortifié, protégé et vivifié.

- *ton travail* — qu'il prospère sans limites.

- *ta maison* — qu'elle soit un autel de lumière.

- *ta lignée* — qu'elle soit un peuple de rois

et de sacrificateurs.

Et maintenant, selon **Nombres 6:24-26** :
« Que l'Éternel te bénisse et te garde,
qu'Il fasse luire Sa face sur toi et qu'Il t'accorde Sa grâce,
qu'Il tourne Sa face vers toi et qu'Il te donne la paix !! »

Par l'autorité apostolique que j'ai reçue, je te déclare ***positionné, établi, couronné et inébranlable !***

Tu n'es plus dans le combat, tu es dans le Règne.

Au nom puissant, glorieux et incomparable de Jésus-Christ !
Amen.

Reprends ta place. Brise les chaînes. Établis ton héritage.

Dans *7 Jours pour la Domination Spirituelle*, Dr. Jean Héder Petit Frère t'emmène dans une expérience prophétique unique : sept jours de guerre spirituelle, de législation, de restauration et de renversement. Ce livre transforme des prières ordinaires en **décrets Royaux**, et des croyants passifs en **Gouverneurs spirituels**.

Grâce à une architecture en sept composantes : *Révélation, Fondements Bibliques, Axe de Bataille, Décret Royal, Prière de Domination, Activation Identitaire et Proclamation Finale.*

Tu seras équipé (e) pour :

- détruire les forteresses cachées,
- briser les cycles,
- renverser les autels,
- restaurer ta santé,
- activer la prospérité,
- stabiliser tes victoires,
- affermir ton trône spirituel.

Ce livre n'est pas une lecture. C'est un passage. Un transfert de puissance. Une montée en autorité.

Si tu es prêt (e) à arrêter de subir et à commencer à régner, ce livre est ton guide.

www.ingramcontent.com/pod-product-compliance
Lightning Source LLC
Chambersburg PA
CBHW072213070526
44585CB00015B/1326